DU VOL

ET

DES CIRCONSTANCES ATTÉNUANTES

OU

ESSAI SUR LA STATISTIQUE CRIMINELLE

PAR

EUGÈNE PRESTAT

Substitut du Procureur du Roi

Paris

CHEZ DELAUNAY, LIBRAIRE

AU PALAIS-ROYAL

1840

DU VOL

ET

DES CIRCONSTANCES ATTÉNUANTES

OU

ESSAI SUR LA STATISTIQUE CRIMINELLE

PAR

EUGÈNE PRESTAT

Substitut du Procureur du Roi

Paris

CHEZ DELAUNAY, LIBRAIRE

AU PALAIS-ROYAL

1840

DU VOL

ET

DES CIRCONSTANCES ATTÉNUANTES

« Il n'y a personne, dit Merlin, qui ne sache ce que c'est
« que le vol ; toutes les nations l'ont défendu et puni, car
« de tout temps il y a eu des hommes lâches et fainéants qui
« ont trouvé plus commode d'enlever les fruits du champ de
« leur voisin que d'en cultiver eux-mêmes. »

Ce crime, le plus bas de tous ceux qui troublent l'ordre
social, n'est pas l'un des moins dangereux ; car, en détruisant
le respect pour la propriété, il tend à anéantir la seule base
durable de la tranquillité des États. Ainsi tout pays bien po-
licé doit attacher la plus haute importance à le réprimer.

Il n'était donc pas inutile d'étudier, à l'aide des comptes
de justice criminelle, l'accroissement considérable de ce vice
sur la surface de la France, et de l'y suivre dans tous ses dé-
veloppements.

L'étude de ces comptes statistiques, sur lesquels la magistrature avait d'abord jeté un regard de dédain, est, en effet,
devenu le complément nécessaire des travaux de tout crimi-

naliste consciencieux qui veut savoir d'où il vient et où il va ; c'est-à-dire connaître si la loi est inhabile ou puissante à réprimer les méfaits qu'elle prévoit. Car s'il nous était démontré, que, malgré l'application fréquente d'une loi qui punit le vol, sous quelque forme qu'il se produise, ces délits augmentent sans cesse, il deviendrait constant que la pénalité portée par cette loi est impuissante et que la justice en réclame la prompte révision.

Frappés de cette pensée, nous avons successivement parcouru les diverses parties de la statistique criminelle publiée depuis 1825 jusqu'à ce jour et nous avons reconnu que la somme totale de toutes les accusations de vol, d'abus de confiance et d'escroquerie qui s'élevait en 1825 à 13,904 était montée en 1838 au chiffre énorme de 22,611, d'où il résulte que la masse de ces délits a presque doublé en l'espace de quatorze années.

Ce premier point établi, nous allons rechercher qu'elles peuvent être les causes de cette augmentation.

Ces causes nous semblent de deux natures ; les unes purement morales, les autres purement législatives.

Les premières tiennent évidemment à l'absence de toute loi morale et religieuse dans les classes les plus hautes, comme dans les classes les plus basses de notre société moderne. Celles-ci ne seront pas guéries par les législateurs, moins encore par les philosophes, mais en attendant qu'une régénération morale vienne cicatriser cette plaie, voyons si les autres causes de l'augmentation des vols ne pourraient pas être plus facilement détruites.

Si nous en croyons les philanthrophes, le mal serait tout entier dans la règle de nos bagnes et de nos prisons, aussi les voyons-nous passer subitement de la plus excessive indulgence à la plus grande rigueur, et prêcher aujourd'hui la bastonnade, le fouet, le jeûne et la privation de sommeil comme freins nécessaires d'un régime qui tend à n'accorder au condamné que le pain et l'eau.

Si ces penseurs fussent descendus des hauteurs de la spéculation pour scruter attentivement les comptes de justice criminelle, ils eussent reconnu sans doute que le régime des prisons, depuis longtemps resté le même, ne devait pas être la cause de l'accroissement extraordinaire qui, de 1835 à 1838, se fait plus spécialement remarquer.

En effet l'augmentation signalée depuis 1825 jusqu'en 1838, loin d'avoir suivi une progression constante, offre, à trois époques distinctes, des variations qu'il est utile d'étudier :

La première période part de 1825 et s'étend jusqu'à 1830 ; elle renferme six années régies par une même législation, et présente une progression ascendante ayant pour terme moyen le chiffre de 2 à 3 pour 100 par année, ce qui porte le nombre de 13,904 accusations de vols, abus de confiance et escroqueries à celui de 15,609 ;

La seconde qui commence à 1831 et vient s'arrêter à 1834, inclusivement, n'est pas aussi uniforme. On la voit d'abord s'élever de 5 pour 100 en 1831 et de 20 pour 100 en 1832, puis décroître subitement de 23 pour 100 l'année suivante et ne présenter en 1834 aucune variation notable ;

La troisième période est formée de l'année 1835 à l'année 1838, la première de ces années offre le chiffre de 16,122 et la dernière celui de 22,611, ce qui donne, à partir de 1835, une augmentation moyenne de 15 sur 100 par année, ou, pour la réunion des années 1836, 1837 et 1838, la somme énorme de 45 pour 100.

Ainsi de 1825 à 1838 les vols se sont presque constamment accrus ; mais l'accroissement de 3 pour 100 qu'on remarque dans la première période n'avait pas un caractère alarmant. Si, en 1831 et 1832, ces délits s'élèvent subitement à un chiffre énorme, il est évident que cet accroissement est dû à la perturbation que toute révolution entraîne nécessairement après elle, puisqu'en 1833 et 1834, lors du retour à l'ordre et aux lois, on voit ces crimes décroître à peu près dans la même proportion et ne présenter sur 1830 qu'un excédant de 2 sur 100.

Le régime des prisons, depuis longtemps resté le même, ne peut donc pas être la cause de l'accroissement si inquiétant qu'on remarque dans la troisième période, accroissement dû, sans aucun doute, à la modification récente de nos lois pénales.

La victoire de 1830, il faut le reconnaître, amena à sa suite une foule de théoriciens vulgaires qui semblèrent prendre à tâche de renverser les idées de justice et de morale reçues jusqu'alors. Les criminels devinrent l'objet de toute leur sollicitude et il fut arrêté que nos codes seraient révisés.

Cette réforme de nos lois pénales était loin cependant d'être complètement inutile. Les législateurs de 1810, dominés par les principes de l'école matérialiste qui régnait alors en souveraine, plus soucieux de l'intérêt général que de l'équité et de la justice, semblaient avoir érigé en principe que les méchants, ne se rappelant pas au bien, devaient être incessamment poursuivis et détruits pour la protection des bons, et que la peine devait être mise en rapport, non pas avec la culpabilité du fait à punir, mais avec le préjudice plus ou moins grave qu'il pouvait porter à la société. Dans ce système le coupable était frappé dès sa première faute de châtiments longs et rigoureux, parfois sans relations avec les faits qu'ils devaient réprimer et punir.

Le faux monnayeur, par exemple, y était mis au rang de l'assassin et de l'incendiaire, bien que le crime de fausse monnaie ne porte préjudice qu'à la fortune publique ou privée et qu'ainsi le bagne à toujours soit une répression au moins suffisante.

Frappés de cette faute capitale, les criminalistes pensèrent que si, dans maintes circonstances, le jury recourait au système jésuitique de l'omnipotence, c'est que son cœur se refusait à l'application d'une peine que le sentiment intime du juste lui révélait comme trop rigoureuse et sans proportion avec le fait criminel auquel il était appelé à donner une existence légale.

Aussi, en 1832, vit-on le législateur ne plus frapper de la peine capitale le faux monnayeur et le faussaire en matière de billets de banque; une part plus large fut faite à la défense, en toute matière elle put toujours faire soumettre au jury les questions d'excuses légales; certains faits, déclarés crimes jusqu'alors, furent déférés à la juriciction correctionnelle, et dès-lors tout semblait rentré dans les limites de la raison et de l'équité.

Mais, soit que la plupart des députés de 1832 méconnussent les vrais principes qui doivent régir les lois criminelles; soit que, dominés par les idées de cette philanthropie individualiste qui avait battu en brèche la législation de 1810, ils fussent moins touchés du mal fait à la société, que du mal à faire au coupable; soit qu'ils ne vissent dans le crime d'importance qu'à raison du préjudice causé à la victime et qu'ils voulussent, en conséquence, proportionner la peine non pas au fait moral, mais au dommage matériel du méfait; soit encore qu'ils craignissent de n'avoir pas assez fait pour mettre nos lois pénales en harmonie avec les faiblesses de l'institution qui s'en trouve le pivot; ils jetèrent par-dessus l'édifice entier de nos codes l'article 463 qui permit de réduire en toute occasion la peine portée par la loi. Ainsi fut détruite l'unité de notre législation, ainsi furent paralysées son énergie et sa puissance.

Si, à la vérité, nous recourons aux discussions législatives de 1831 et de 1832, nous voyons que le but avoué de l'introduction des circonstances atténuantes était de mettre un terme aux acquittements scandaleux. Nous examinerons plus tard si ce but a été atteint, mais il est évident qu'on voulait encore créer en faveur du magistrat le pouvoir de proportionner la peine au dommage matériel causé par le fait coupable. Aussi les circonstances atténuantes ne sont-elles pas exclusivement réservées au jury qui, seul, pouvait fléchir devant la rigueur du châtiment, elles sont encore étendues à tous les faits prévus par le Code pénal; de telle sorte qu'en matière correctionnelle le *minimum* de toutes les peines est livré à l'arbitraire des tribunaux. Or, si les législateurs de 1832 n'eussent pas été préoccupés du point de vue que nous venons de signaler, ils eussent, au contraire, cherché à circonscrire l'indulgence du magistrat dans les limites du juste, et ils n'eussent pas permis, par exemple, qu'une action aussi basse que le vol pût être punie d'une légère amende. Car, pour infliger au vol une peine purement pécuniaire, peine évidemment illusoire contre celui qui possède et qui néanmoins n'est applicable qu'à lui, il faut qu'on ait été guidé par ce raisonnement : *Il est des vols qui causent un si léger préjudice qu'une simple peine d'amende en est une réparation suffisante.*

Cette manière d'envisager la question est à notre avis une faute des plus graves. Le législateur, qui veut être respecté, doit prendre pour base de la pénalité des principes qui remontent plus haut que l'intérêt privé et que l'intérêt général. S'agit-il du vol, il doit se demander d'abord quelle loi morale a été violée? La propriété, doit-il se dire, est le fruit du travail de l'homme, le travail est la base première de son existence, soit qu'on veuille envisager sa position vis-à-vis de la nature et de la société, soit qu'on s'élève aux hautes considérations des charges imposées à l'homme par son créateur. Ainsi celui qui s'empare du bien d'autrui, non seulement commet une mauvaise action vis-à-vis de son prochain, mais il manque d'abord à cette loi d'en-haut : « *Tu*

« *mangeras ton pain à la sueur de ton visage,* » et c'est surtout pour avoir manqué à cette loi qu'il a mérité la peine.

Ce châtiment ne peut donc varier, suivant le degré de valeur de l'objet mal acquis, car la loi morale qui a été violée avant tout autre, est toujours de même nature, elle n'a pas de plus ou de moins, et, pour rester fidèle aux règles immuables de la justice, le législateur devait frapper d'un *minimum* invariable, une infraction à une loi morale qui porte en elle un caractère invariable de culpabilité. Qu'ensuite la pénalité augmente lorsque des intérêts privés ont été trop vivemment blessés, lorsque le criminel a déjà subi les rigueurs de la loi, lorsque le délit a été commis vis-à-vis d'un bienfaiteur ou d'un hôte, lorsqu'il a été accompagné de violence ou d'audace, ce sera justice; car chacun de ces actes dénote une ame plus avide, plus basse, plus corrompue, plus criminelle.

Tels sont les vrais principes de la pénalité qui, de toute évidence, sont inconciliables avec les idées étroites qui ont présidé à l'introduction, dans nos codes, des circonstances atténuantes. Voyons cependant si, comme on se l'était proposé, les circonstances atténuantes ont fait rentrer le jury dans la vérité, c'est-à-dire si les acquittements scandaleux ont complètement disparu, et si les circonstances caractéristiques du degré de criminalité n'ont jamais été écartées dans des idées d'indulgence.

Il résulte des comptes de justice criminelle de 1825 à 1830 que la moyenne des acquittements, pour les crimes de toute nature, était de 39 sur 100 accusés, ou de plus du tiers. C'était ce chiffre énorme qu'on espérait réduire par la mise en œuvre des circonstances atténuantes, il est donc facile, en jetant les yeux sur les comptes publiés depuis 1832, de voir si ce but a été atteint. Or, il résulte de ces documents que de 1833 à 1838 la moyenne des acquittements est de 37 sur 100, c'est-à-dire que le nombre des individus acquittés est encore de plus du tiers du nombre des accusés. Ainsi l'article 463, décrété dans le but d'arrêter les acquittements scandaleux, n'a eu qu'un résultat sans portée et a trompé toutes les espérances des auteurs de cette innovation.

Si, de là, nous passons à la partie de ces mêmes comptes où se trouve le résultat des accusations admises avec tout ou partie des circonstances aggravantes, nous voyons que le jury s'est montré plus facile dans l'admission de ces circonstances. Ainsi, en 1831, sur 100 accusations déclarées constantes, 47 l'avaient été dans leur entier et 53 avaient été modifiées par le rejet de tout ou partie des circonstances aggravantes; tandis qu'en 1837, sur un même nombre d'accusations, 66 ou 19 de plus qu'en 1831 ont été admises entièrement et 34 seulement ont été modifiées.

Mais, pour que la justice pût s'applaudir de ces résultats, il faudrait que le jury eût limité son indulgence aux dix-neuf cas où, avant l'introduction de l'article 463, il rejetait les circonstances aggravantes et aux deux cas où il repoussait l'accusation tout entière. C'est-à-dire que, sur 100 accusations admises en 1837, les circonstances atténuantes n'eussent dû être accueillies que 21 fois.

Malheureusement le jury ne s'est pas maintenu dans ces sages limites, alors qu'il rentrait dans la vérité à l'égard de 21 accusations sur 100, il prononçait des circonstances atténuantes vis-à-vis de 69 pour 100. En déduisant donc de ce chiffre 69 celui de 21, pour lequel nous trouvons dans la rigueur de la peine, comparée aux faits criminels, un motif suffisant de l'application des circonstances atténuantes, il restera 48 accusations sur 100 à l'égard desquelles l'indulgence du jury ne pourra s'expliquer que par la faiblesse.

Il est donc certain que si les circonstances atténuantes ont ramené le jury dans la vérité sur le point matériel de l'accusation dans la proportion de 21 à 100, elles l'ont d'autre part porté à s'en écarter vis à-vis de la partie la plus importante peut-être, c'est-à-dire vis-à-vis de la moralité et de la culpabilité de l'action, dans la proportion de 48 à 100. Ainsi loin d'être favorable à la vérité et à la justice, l'article 463 est devenu leur plus redoutable ennemi.

On ne doit pas, d'ailleurs, perdre de vue qu'en rejetant tout ou partie des circonstances aggravantes dans 34 accusations sur 100, le jury a dû souvent fléchir en considération de la rigueur de la peine. Car en matière de vol où les circonstances aggravantes du délit sont si légèrement rejetées, elles sont presque toujours établies de la manière la plus précise, puisqu'elles sont le résultat d'un fait matériel constaté par l'autorité judiciaire. De plus les circonstances aggravantes sont l'objet d'un examen tout spécial de la part du ministère public qui requiert, du juge qui instruit, de la chambre du conseil qui statue, et des magistrats de la cour royale; il il est donc impossible que, sur cette partie presque matérielle de l'accusation, les magistrats puissent errer dans la proportion de 34 à 100 ou de 1 à 3.

L'article 463 n'a donc pas, comme on l'avait espéré en 1832, mis un terme aux acquittements scandaleux, car l'amélioration de 2 pour 100 qui a été signalée est sans aucune portée. Il n'a pas davantage fait rentrer le jury dans la vérité en ce qui touche les circonstances aggravantes; voici maintenant ce qu'on n'avait pas prévu.

En vertu de l'article 463, sur 100 individus condamnés par le jury, 69 voient abaisser leur peine de un et le plus souvent encore de deux degrés. Or, si à ce chiffre de 69 sur 100, nous ajoutons celui de 34 qui voient également diminuer leur peine par le rejet des circonstances aggravantes, nous arrivons au nombre de 103, ce qui semblerait établir :

1° Que tous les condamnés voient abaisser leur peine d'un degré au moins;

2° Que 3 condamnés sur 100 cumulent la diminution de peine qui résulte de l'admission des circonstances atténuantes et du rejet des circonstances aggravantes.

Mais, comme environ 15 pour 100 des condamnés sont frappés sans que les circonstances atténuantes aient été admises, sans que les circonstances aggravantes aient été écartées, il en résulte que, sur 100 condamnés, 85 voient nécessairement abaisser leur peine et que, de ces 85 condamnés, 16 ou 1 sur 5 profitent tout à la fois et de la négation des circonstances aggravantes et de l'affirmation des circonstances atténuantes. De telle sorte que 16 sur 100 des condamnés par le jury ne peuvent jamais être, quel que soit le crime commis ou leurs antécédents, frappés de châtiments rigoureux.

Ainsi N...., en récidive de crime, est accusé de vol commis avec escalade, la nuit, dans une maison habitée; le jury, après l'avoir déclaré coupable sur le fait principal et les deux dernières circonstances, répond négativement sur la circonstance d'escalade qui était le corollaire nécessaire du fait de vol, puis il reconnaît l'existence des circonstances atténuantes. Et cet homme, qui devait subir, d'après les prévisions de la loi, vingt années de travaux forcés, ne sera frappé, selon toute probabilité, que d'un emprisonnement c'est-à-dire d'une peine moindre que la première. Dès-lors il ne peut exister de rapport entre le crime commis et le châtiment infligé.

Pour faire sainement apprécier les effets de l'article 463 nous avons jugé utile de mettre en regard des peines appliquées en 1837 par les cours d'assises, sous le régime des circonstances atténuantes, celles qui eussent été appliquées sous la législation antérieure.

NATURE DES PEINES PRONONCÉES en 1837.	RÉPARTITION	
	Avec l'art. 463.	Sans l'art. 463.
A mort.	53	185
Aux T. F. perpétuels.	177	260
Aux T. F. à temps.	782	1,690
A la réclusion.	856	1,718
A la déportation.	»	1
A la dégradation civique..	»	3
A l'emprisonnement.	5,269	1,223
Totaux.	5,117	5,117

Les conséquences que nous signalions plus haut n'étaient
donc par erronées, ou tirées de cas particuliers. Les circonstances atténuantes, placées dans la loi comme exception,
sont devenues la règle générale, et les cours d'assises, qui
devraient rehausser la force et la majesté de la loi par l'application des peines criminelles, la dégradent et l'avilissent
en prononçant sans cesse des peines correctionnelles.

La majesté de la loi étant ainsi avilie, la peine portée
contre le coupable étant toujours au-dessous du châtiment
mérité, n'est-ce pas par une suite nécessaire que les vols se
sont accrus peu après l'emploi de ce système de législation?

D'abord lorsqu'à une législation sévère vient succéder une
législation plus douce, si cette nouvelle législation n'atteint
pas un bien plus grand nombre de coupables, elle enhardit

les scélérats, puisque rien ne vient contrebalancer l'effroi inspiré par la législation antérieure, or nous avons démontré que l'application des circonstances atténuantes n'avait pas eu de résultat notable sur le chiffre des acquittements.

Mais si les peines prononcées deviennent tellement courtes que le retour des criminels au sein de la société s'opère d'une manière rapide, ils corrompront de plus en plus la partie saine de la population et la dépravation n'aura plus de bornes; or les circonstances atténuantes ont encore eu ce triste effet.

En 1837, le nombre des condamnés par les cours d'assises à des peines correctionnelles, s'élève à 3,269 dont 545 ne devront pas subir plus de trois années d'emprisonnement et dont 1,997 ne subiront pas tous deux années. C'est-à-dire qu'en trois années la moitié du nombre total des condamnés de 1837 sera rentrée dans la société sans qu'il y ait eu pour eux aucun espoir d'amendement; car tous ceux qui ont pu apprécier la conduite des détenus de nos maisons centrales, savent que des peines aussi courtes ne laissent pas d'action sur des hommes corrompus. Toujours soutenus par l'espoir d'une délivrance dont ils entrevoient la réalisation prochaine ils se refusent obstinément à tout travail assidu et ne peuvent être vaincus ni par les exhortations les plus vives, ni par les châtiments les plus rigoureux. Conséquents avec eux-mêmes, ils avaient préféré le crime au travail, ils lui préfèrent, sous les verroux, les privations du cachot, et ils rentrent dans la société sans état et sans pécule.

Si l'article 463 n'eût pas existé, de ces 3,269 individus, 2,003 eussent subi des peines criminelles, c'est-à-dire une détention d'au moins cinq années. Pendant cette longue sé-questration les efforts de l'administration n'eussent peut-être pas été impuissants et, du moins, la société se serait délivrée d'autant d'ennemis. Sans compter qu'il coûte moins d'argent et de peine pour garder et nourrir un scélérat, que pour le surveiller, le convaincre et le punir de nouveau [*]. Enfin une séquestration de longue durée aurait établi une proportion équitable entre les crimes et les châtiments, et aurait empêché les condamnés, dont le nombre va croissant sans cesse, de faire servir leur liberté à l'accomplissement de nouveaux forfaits.

C'est en 1833 que les circonstances atténuantes ont été complètement appliquées, la plupart des condamnés de 1833 devaient donc être libérés en 1834, 1835 et 1836, de plus, par une extension fatale peut-être, mais juste, la plupart des condamnations portées en 1830, 31 et 32, furent, en vertu de la grâce royale, descendues au niveau du Code réformé, et ces peines durent expirer dans le cours des mêmes années; or, c'est précisément en 1835 que le nombre des crimes et délits de vols reprend cette marche ascendante qui fournit en 1838 le chiffre énorme de 22,611 accusations et de 29,198 accusés; comment, dès-lors, douter que l'augmentation rapide des crimes et délits de vol ne tienne au retour rapide dans la société de criminels qui n'ont point été effrayés du châtiment subi.

En 1834, par exemple, 5,698 condamnés ont été libérés des bagnes et maisons centrales; 1,690 avaient été repris en 1838 pour crimes et délits nouveaux parmi lesquels on comptait 1,126 faits de vols, abus de confiance et escroqueries. Les années 1835, 1836, 1837 et 1838 annoncent des résultats plus terribles encore; croit-on qu'une société puisse longtemps se défendre contre les conséquences d'une législation qui encourage cet état de choses?

Si, après l'examen de tous ces documents, on pouvait

---

[*] Cette considération n'est que bien secondaire au point de vue morale où nous nous sommes placés, mais elle répond aux plaintes émanées de la chancellerie sur l'augmentation toujours croissante des frais de justice criminelle.

Comment n'augmenteraient-ils pas lorsque chaque année les vols augmentent dans la proportion de 10 à 15 pour 100?

douter encore que la courte durée des peines ne fût une des causes premières de l'augmentation des récidives, nous renverrions aux comptes de justice criminelle de 1834 à 1838, de l'ensemble desquels il résulte :

1° Que le bagne de Toulon, qui contenait les forçats frappés des peines les moins longues, a donné, sur un même nombre de libérés, un plus grand nombre de récidives que les autres bagnes ;

2° Que les condamnés libérés des bagnes tombent moins fréquemment en récidive que les condamnés libérés des maisons centrales ;

3° Que les condamnés des maisons centrales, libérés après une détention de plus de deux années, tombent moins fréquemment en récidive que ceux qui ont subi des peines de moins longue durée ;

4° Que les départements où le penchant à l'indulgence est le plus prononcé, et notamment le département de la Seine, donnent un plus grand nombre de récidives sur un même nombre de libérés ;

5° Et qu'enfin, depuis 1835, les récidives ont augmenté parmi les libérés des maisons centrales.

Ces résultats démontrent d'une manière formelle que, quel que soit le régime appliqué aux condamnés, les récidives croissent en raison directe de la courte durée des peines.

Les bagnes, en effet, sont tous soumis à la même règle mais les peines subies à Toulon sont de moins longue durée et les libérés de Toulon tombent plus fréquemment en récidive.

Le régime des maisons centrales n'est pas moins pénible que celui des bagnes, certains tempéraments préfèrent même ce dernier régime, comme l'ont démontré des forfaits commis dans le seul espoir d'une translation, et cependant les maisons centrales, où les condamnés ont l'avantage inappréciable d'être appliqués à un état qui peut leur fournir des moyens d'existence au jour de leur libération, présentent, sur un même nombre de condamnés libérés, plus de récidives que les bagnes, les peines qui s'y subissent sont de moins longue durée.

Parmi les maisons centrales, Melun et Poissy recoivent les condamnés du département de la Seine qui sont frappés de de peines de courte durée, or Melun et Poissy voient, sur un même nombre de libérations, les récidives s'élever au double de ce qu'elles seraient dans les autres maisons centrales.

Enfin, c'est en 1834 et 1835 que les libérations des peines de courte durée se sont effectuées, or, depuis 1835, le chiffre proportionnel des récidives croît sans cesse parmi les libérés des maisons centrales, tandis que celui des bagnes, où les peines subies sont toujours de même durée, reste stationnaire.

La corruption des prisons, qu'il serait d'ailleurs utile de détruire par l'introduction du régime cellulaire, n'est donc pas, comme l'ont pensé les philanthropes, la cause première de l'augmentation des vols, puisque ce triste résultat est dû à l'introduction des circonstances atténuantes.

Elles ont eu pour effet, d'adoucir la pénalité sans atteindre un plus grand nombre de coupables, de faire descendre la peine au-dessous de la culpabilité du délit, de détruire les peines de longue durée, et de faire incessamment reparaître dans la société des criminels qui n'avaient été ni effrayés, ni régénérés par la peine subie. Elles ont mis, enfin, par la courte durée des peines, l'obstacle le plus grand et le plus direct à la réforme des prisons, car elles ont privé l'administration de toute force morale et ne lui ont laissé d'autre moyen d'action que le châtiment, auquel le détenu oppose avec résignation la force d'inertie. Lutte incessante dans laquelle, toujours matériellement vaincu par le cachot, il est toujours moralement vainqueur, puisque la pénalité elle-même en. le dérobant au travail vient couronner ses désirs.

Quiconque a pu apprécier la marche d'une maison centrale doit être convaincu que son directeur, fût-il un bourreau, ne parviendra jamais à rompre au travail des condamnés à des peines de courte durée; tandis que si ces criminels eussent vu les portes de la prison retomber pour cinq années au moins, on eût pu les guider par un appât moral, par une réduction de captivité, seul moyen d'engager le condamné à travailler avec ardeur et à se créer des ressources pour le jour de sa libération. Mais les circonstances atténuantes ont encore paralysé ce moyen d'action, car, si la grâce venait aujourd'hui porter sur une partie notable de la peine, où la société puiserait-elle les gages d'une meilleure conduite pour l'avenir?

Ces dangereuses conséquences n'avaient pas, au surplus, échappé en 1832 à M. le garde-des-sceaux : « La déclaration « des circonstances atténuantes, disait-il à la tribune, peut « devenir de style et par suite toutes les peines être diminuées « de un ou deux degrés, qui pourrait dire les conséquences « de cette perturbation dans le système général? ».

On pouvait en effet pressentir quels seraient les dangers d'un système qui détruisait l'échelle descendante de la pénalité, et livrait la nature et la quotité du châtiment à l'arbitraire des magistrats et des jurés.

Nous avons montré quel triste usage les jurés avaient fait de ce pouvoir, pourquoi la vérité nous force-t-elle à ajouter que la magistrature, dégagée de l'entrave du jury, ne s'est pas montrée plus ferme défenseur des intérêts de la justice.

En 1838, les circonstances atténuantes ont été appliquées par nos tribunaux correctionnels à 12,156 voleurs, ou à 65 pour 100 de ces condamnés, dont 1,226, ou 7 pour 100, n'ont été frappés que d'une simple amende.

Nous passerons sous silence les tristes réflexions qui sortent de pareils résultats * ; nous constaterons seulement qu'ils détruisent ce préjugé enraciné depuis la chute des parlements, que la vue perpétuelle du crime et du criminel, endurcit le cœur du magistrat, car il est aujourd'hui mathématiquement démontré, qu'il n'est pas moins indulgent que les jurés, et que, malgré la rigueur de ses fonctions, son ame reste sensible et compatissante aux malheurs de ses semblables.

C'est qu'il n'est pas donné à tous de s'élever au-dessus du niveau ordinaire de l'humanité, de telle sorte que l'ame, placée en présence du crime, ne devienne ni cruelle ni pitoyable, et qu'en appliquant au vice la peine méritée, la justice demeure satisfaite sans que le condamné puisse se plaindre avec raison de la rigueur du châtiment.

Le magistrat ne sera pas, il est vrai, accessible à la cruauté; car il ne peut oublier que le glaive lui a été remis, *non pour venger, mais pour punir.*

Mais, comme ne le démontrent que trop les résultats qui nous occupent, par l'exagération d'un sentiment noble et élevé, il laissera son cœur s'ouvrir à la pitié, son ame succombera à la vue de l'humanité souffrante; sans considérer la cause des souffrances, il n'en verra que les douleurs, sa raison s'obscurcira et il ne pourra plus être interprète équitable de la justice.

Le devoir du législateur consiste donc à défendre le magistrat contre l'un et l'autre de ces excès, et à circonscrire son indignation, comme sa pitié, dans des limites telles qu'en toutes circonstances la faute reçoive un juste châtiment. Chose impossible, sans doute, si on veut prendre pour base de la pénalité l'intérêt de la société, celui de la partie lésée et la position du coupable, puisque alors la loi devrait être faite

---

* Depuis 1855 les tribunaux correctionnels ont toujours admis des circonstances atténuantes en faveur de 65 pour 100 des individus coupables de vol.

pour chaque cas particulier ; mais quelles que soient les difficultés d'une pareille législation elles ne seraient pas insurmontables pour celui qui prendrait la violation de la loi morale comme cause première du châtiment.

Les circonstances atténuantes, introduites dans nos codes en 1832 et formulées dans l'article 463, étaient donc l'œuvre de législateurs qui méconnaissaient le caractère essentiel d'inflexibilité qui doit être la base de toute législation pénale. Autrement le coupable n'est pas frappé par la loi, mais par le magistrat, et la répression varie suivant sa fermeté, sa sévérité ou sa faiblesse.

Ce caractère premier des lois pénales n'avait point échappé à l'Assemblée constituante ; aussi en dotant la France d'un Code criminel avait-elle tarifié les peines d'après les caractères des délits et enchaîné le magistrat dans cette classification.

S'il est maintenant établi que l'article 463, vicieux dans son principe, a eu des conséquences funestes pour la société, déplorables pour la justice, il faut se hâter de le détruire.

Mais alors ne faudra-t-il pas refondre toute notre législation ? a-t-on en 1832 fait toutes les modifications utiles ? la généralité de l'article 463 n'a-t-elle pas fait négliger bien des détails, et notre Code n'est-il pas dans certaines parties trop rigoureux pour une première faute ?

La suppression de l'article 463 doit donc entraîner la révision de notre législation pénale.

Si la difficulté d'un pareil travail devait le rendre impossible, au milieu des préoccupations politiques qui nous assiégent, ne pourrait-on pas du moins réformer provisoirement cette disposition d'une manière générale ?

Ne pourrait-on pas, par exemple, décréter que le bénéfice des circonstances atténuantes ne s'étendrait pas à tout individu déjà frappé,

1° Par arrêt de la cour d'assises ;

2° Par jugement correctionnel, pour vol, banqueroute simple, abus de confiance ou escroquerie ;

3° Par jugement correctionnel, portant condamnation à plus de trois mois de prison ;

Dans le cas, néanmoins, où le crime commis entraînerait la peine capitale, les circonstances atténuantes pourraient toujours être admises, mais elles ne feraient descendre la peine que d'un seul degré.

Cette disposition nous semblerait concilier les intérêts de la justice et les faiblesses de l'humanité ; car si, dans ce système, une première faute est commise, les tribunaux peuvent toujours user largement d'indulgence.

Le même individu vient-il à succomber encore, une condamnation sévère lui fera expier une faute contre laquelle la première leçon de la justice était demeurée impuissante.

Enfin, s'il n'a pu être ramené ni par la sévérité ni par l'indulgence, qu'il subisse toutes les rigueurs portées par la loi contre les condamnés en récidive.

Peut-être arrivera-t-il encore que, pour quelques faits particuliers, la loi sera trop rigoureuse ; mais n'oublions pas que les lois pénales ne peuvent être faites en vue de cas exceptionnels ; n'oublions pas surtout qu'au-dessus de la loi il existe un pouvoir auguste auquel le condamné, plus malheureux que coupable, ne recourt jamais en vain. C'est à lui seul qu'il appartient d'adoucir les rigueurs de la loi, parce que, seul, il peut la faire céder sans en avilir la majesté, sans en affaiblir la puissance.

MELUN. — IMPRIMERIE DE DESRUES.

BIBLIOTHEQUE ROYALE
I